Bibliografische Information der Deutschen Nationalbibliothek: Die Deutsche Nationalbibliothek verzeichnet diese Publikation in der Deutschen Nationalbibliografie; detaillierte bibliografische Daten sind im Internet über www.dnb.de abrufbar.


Verlag Erik Schreiter, Leipzig
Herstellung: Books on Demand GmbH, Norderstedt

ISBN: 978-3-946250-19-7

# Das Zigarren-Logbuch

Das Original

2., erweiterte und überarbeitete Auflage

Erik Schreiter

# Widmung

Mit 10 Jahren war es plötzlich todschick zu rauchen.
Erste Versuche mit fest in Notizblockzetteln gewickeltem Heu -mittels Klebestreifen zusammen gehalten- hätten eigentlich abschrecken müssen. Doch wurde wahrscheinlich eher eine Art Forscherdrang geweckt, kostenfrei und unauffällig an Zigaretten oder wenigstens zigarettenähnliche Objekte zu kommen. Trotz aller Materialien, Kombinationen und qualvoller Versuchsreihen endete die Forscherkarriere als Diebeskarriere.
Meine Klassenkameraden und ich hatten rauchende Elternteile um Zigaretten erleichtert und dann in Gebüschen, unter Schnellstraßenbrücken und an allen anderen blickdichten Orten, die wir mit unseren Mitteln erreichen konnten, geraucht. Später erweiterte sich der Freundeskreis um Ältere, die bereits Zigaretten kaufen durften und wir waren plötzlich als Flaschensammler sogar schon fast Umweltaktivisten. Hierbei half uns der Umstand, dass der örtliche Tabakhändler mitten in den 1990er Jahren noch einzelne Zigaretten verkaufte.
Recht bald wurden Zigaretten so normal, dass damit keine Schockpunkte mehr zu ergattern waren. Sie waren einfach im Freundes- und Bekanntenkreis zum Standard geworden. Das verringerte allerdings nicht den Suchtfaktor.
Bei unserem Stamm-Tabakhändler erstanden wir recht bald nach Erreichen des entsprechenden Kaufalters häufiger Zigarren für je 50 Pfennig, einzeln verkauft und in Papiertüten verpackt. „Billige Stinker" nannte der Händler, der mittlerweile in die ewigen Tabakplantagen eingegangen ist, diese Laubrollen für einfachste Ansprüche. Sie waren wirklich grausam, wenigstens empfanden wir sie als grausam. Ich nehme an, wir waren einfach nicht reif genug für Zigarren. Aber wir

waren eine gute Paarung; sie passten in unser Budget und hatten reichlich Nikotin, wir waren willige Abnehmer und bewahrten sie vielleicht vor dem Ende der Produktion.
Diese stinkige Romanze währte einige Jahre, bis ich als Lehrling mit 19 Jahren das Rauchen aufgegeben habe. Später, während eines mehrmonatigen Aufenthaltes in Österreich, habe ich die Zigarren wieder für mich entdeckt und mich durch zahlreiche Formate, Herkunftsländer, Marken und so weiter geraucht. Was mir dabei fehlte war jedoch die Orientierung; eine Hilfestellung dabei, nach welchen Zigarren ich suchen könnte. Ich wusste, was mir zusagte, konnte aber niemandem sagen, was es war. Zugegeben, das waren die Anfangstage des Internets und an Smartphones mit dem kompletten Wissen der Welt in der Jackentasche war noch gar nicht zu denken.
Mit der Zeit entdeckte ich auch die schönen Bauchbinden für mich, entweder als Gedächtnisstütze oder einfach, um mich an der schönen Gestaltung zu erfreuen. Wie Briefmarken sammeln.
Diese Bauchbinden könnten im Smartphone nur als Photo existieren, das wäre besonders für die aufwändig geprägten Exemplare traurig.

Daher ist dieses Buch unentbehrlich für die ersten 15, 25, 35,.. Zigarren. Um Erinnerungen zu bewahren, Erfahrungen zu dokumentieren und die Vorlieben zu analysieren.

# Inhaltsverzeichnis

# Vorwort zur 2. Auflage

Dieses Buch ist zu einer Zeit entstanden, als ich zusätzlich zu meinem Onlineshop für Zigarren und Pfeifen auch Seminare über Zigarren gehalten habe. Ich wollte eine Möglichkeit schaffen, die Verbindung über das Seminar hinaus zu halten.

Natürlich hatte ich auch die Erwartung, dass man sich bei Eintragungen auch an mein Seminar erinnert und Folgeumsätze in meinem Geschäft generiert werden könnten. Oder weitere Seminare gebucht werden.

Beide Erwartungen hatten sich bestätigt, der große „Durchbruch“ war es jedoch nicht. Für den Handel waren meine zu dieser Zeit unveränderlichen Lagerkapazitäten limitierend. Die Seminare bei Studentenverbindungen, Junggesellenabschieden, Firmenfeiern, Sommerfesten und so weiter waren immer eine schöne Abwechslung, aber die Umsätze haben bestenfalls die Aufwendungen gedeckt.

Diese Verknüpfungen gibt es seit einigen Jahren nun nicht mehr. Geblieben ist aber die einmal in die Welt gebrachte Veröffentlichung und die darauf aufbauenden zahlreichen Nachahmungen.

Sucht man bei Amazon nach „Zigarren-Logbuch“, so erscheinen 699 Treffer. Die erste Auflage dieses Buches, erschienen im Dezember 2015, ist nachweisbar die Vorlage für zahlreiche spätere Publikationen mit diesem oder einem verwechselbaren Titel.

Nun, was ist zu tun? Urheberrechtsklagen sind kostspielig, bei den in Rede stehenden Marktanteilen und Margen aber vor allem irrsinnig unsinnig. Also hilft nur eines: den qualitativen Angriff auf die Plagiate.

Aufgrund der Erfahrungen und Rückmeldungen habe ich mich dazu entschlossen, eine umfassende Neuauflage zu verfassen. Neben den Ausführungen zu Herkunft, Herstellung, Formaten, Farben, etc. sind auch zahlreiche Bilder enthalten.

Es wurden auch Wünsche an mich herangetragen, auf das Thema Drinkpairing einzugehen. Gerade auch in den sozialen Medien ist die passende Kombination von Zigarre und Getränk ein Dauerbrenner, der dort wie hier nicht geklärt werden kann. In der digitalen Welt habe ich allerdings oftmals das Gefühl, es geht eher darum, sich als Whisk(e)y-Kenner, Kaffee-Experte oder Wein-Profi profilieren zu wollen, als einen tatsächlich brauchbaren Beitrag zum Zigarrenrauchen zu leisten. Es ist egal, ob die Bohnen für den Espresso bei Vollmond von nackten, singenden Mönchen geerntet wurden oder ob der Whisk(e)y während seiner Reifezeit Bob Dylan oder Mozart hören durfte.
Wirklich, es ist absolut egal! Wer sonst keinen Espresso oder Whisk(e)y trinkt wird nur für das Zigarrenerlebnis mutmaßlich nicht damit anfangen.

Trinken Sie das zur Zigarre, was Ihnen ohnehin schmeckt. Weitergehendes Gehabe ist überflüssig. Natürlich hat der Eigengeschmack des Getränks eine Wirkung auf die Wahrnehmung der Aromen im Zigarrenrauch. Die Geschmacksknospen können schließlich nicht einfach einen Schalter „Zigarre/ Getränk“ umlegen und sich an die Aromenzufuhr anpassen. Sie sind quasi wechselseitig vorbelegt. Aber das ist etwas für Ihre ganz eigenen, persönlichen Notizen weiter hinten im Buch.

Wenn man es weit genug treibt hat alles einen Einfluss auf das Aroma. Der Duft der Blumen im Beet, frisch gemähter oder halb hoher Rasen, der Duft vom Ledersessel, der Luftdruck...

Wie in allen anderen Lebenslagen auch gibt immer jemanden, der einen drauf setzt. In jedem Fitnessstudio hat jemand noch dickere Oberarme, bei jedem Seminar gibt es einen, der noch angesehener ist, auf dem Parkplatz am Golfplatz hat immer jemand ein teureres Auto.

Bei Aficionados ist es ebenso. Es gibt immer jemanden, der besonders erleuchtet ist oder die Weisheit geschaffen hat, damit andere sie dann löffeln können. Nur muss man nicht jedem Prahlhans/ Schaumschläger/ Klugschnacker auch eine Bühne bieten.

Mit dieser 2. Auflage halten Sie ein Buch, ein Instrument, in der Hand, ihre eigenen Erfahrungen zu dokumentieren und auch davon ausgehend weitere Vertiefungen zu unternehmen. Sei es aus botanischer Sicht, historische oder geografische Studien oder einfach nur bestimmte Sortimente. Die Möglichkeiten sind so vielfältig wie die Welt der Zigarren selbst.

Menschen sind wie Zigarren: am Anfang werden sie gewickelt, lassen sich später entflammen und enden als Asche.

-Mark Twain

# Einleitung

Das Angebot an Zigarren ist so umfangreich, dass es für einen Fachhändler unmöglich ist, alle Zigarren auf dem Markt befindlichen Zigarren anbieten zu können. Jeder Zigarrenraucher findet mindestens eine Zigarre, die für ihn perfekt ist. Format, Herkunft, Tabakmischung, Aromenkomposition, Deckblattfarbe und was es nicht sonst noch als ausschlaggebende Kriterien gibt. Der wahrscheinlich angenehmste Umstand an diesem riesigen Angebot. Die Kehrseite liegt auf der Hand: man muss diese überhaupt finden.

Hierbei hat jeder Aficionado -also Zigarrenliebhaber- seine eigene Vorgehensweise. Ich kam nach einigen Zigarren, deren Auswahlkriterium zumeist Preis und ein schönes Aussehen waren, auf die Idee, mir Notizen zu machen. Es soll Aficionados geben, die in ihren Verkostungsnotizen auch Wetter, Stimmungslage, Verkostungsort, Gesellschaft, etc. einfügen. Das mag vielleicht unter bestimmten Voraussetzungen sinnvoll sein, allerdings sollte meiner Meinung nach die Suche nach der „perfekten Zigarre“ nicht mit der Forschung für eine Doktorarbeit verwechselt werden. Der Genuss steht im Vordergrund und die Reise ist der wohl wichtigste Teil der Suche. Es sollte auch nicht vergessen werden, dass die Lieblingszigarre, so sie denn gefunden wurde, mit Sicherheit nicht die einzige ist, die geraucht wird. Schließlich essen Sie auch nicht ausschließlich Ihr Lieblingsessen oder trinken rund um die Uhr Ihren Lieblingswein, oder?

Dieses Buch ist entstanden, um die Suche nach Zigarren zu erleichtern, die Ihrem persönlichen Geschmack entsprechen. Bei den Einsteigerseminaren, die ich regelmäßig für Zigarren- und Pfeifenraucher halte, tritt immer wieder die Frage auf, welches der beste Weg ist, „die richtige“ Zigarre zu finden. Die Antwort: probieren, probieren, probieren. Und beim nächsten Zigarrenkauf dahingehend

beraten lassen, dass möglichst viele der positiven Eigenschaften wieder vorhanden sind.
Daher fing ich an, mein eigenes Rauchverhalten und meine Auswahlkriterien zu beobachten und zu notieren. Anschließend habe ich meine Verkostungsnotizen analysiert und in eine -hoffentlich-ansehnliche Form gebracht. Die Notizpunkte sind so gestaltet, dass Sie intuitiv genau das einschreiben, was Sie mit der Zigarre verbinden - ohne erst erforschen zu müssen, was nun wichtig sein könnte oder nicht. Es geht nicht darum, die Nuancen herauszuschmecken, die professionelle Zigarrenverkoster im Rauch ausmachen. Wichtig ist lediglich, dass Sie für sich anhand der Vorlagen eine möglichst konstante Terminologie entwickeln, die gesammelten Eindrücke festzuhalten. Sie sollten sich beim erneuten Lesen zumindest grob vorstellen können, was Sie beim Rauchen empfunden haben.
Vielen Reviews, also den Berichten von Verkostungen, kann man eine fast minutiöse Entwicklung der Aromen entnehmen. Dadurch entsteht leicht der Eindruck, dass es sich beim Rauchen der Zigarre eher um eine hochwissenschaftliche Disziplin handelt, bei der man bloß keine noch so beiläufige Szene verpassen sollte. Sofern Sie es nicht gerade darauf anlegen, eine Anstellung als Tabakmischer zu erlangen oder sich um besonders detaillierte Degustation verdient zu machen, rate ich doch dringlich davon ab, Zigarren in Gesellschaft von Stoppuhr und Diktiergerät zu rauchen.
Bei Zigarren geht es um das Gesamterlebnis. Es ist wichtig, wie die Zigarre schmeckt. Ist sie rundum angenehm oder sind Eindrücke zu erkennen, die das positive Erlebnis beeinträchtigen? Dazu gehört nicht nur das Aroma, das beim Rauchen zu Tage tritt. Das Erlebnis umfasst den Kaltgeruch der Zigarre, wenn man sie aus dem Humidor oder der Verpackung entnimmt, ebenso wie den Anblick des Deckblattes, das Rollgeräusch, den Abbrand und die Aschebildung. Die einzelnen Komponenten können noch so toll sein; wenn sie nicht in der Lage sind, gemeinsam einen harmonischen Genuss zu verschaffen, leidet der Gesamteindruck. Je genauer Sie also identifizieren können, was Ihnen an der Zigarre gefällt, umso näher sind Sie an der nächsten Zigarre dran, die ebenfalls diese positiven Eigenschaften hat und eventuell

sogar die ein oder andere nicht ganz so gute Eigenschaft durch eine bessere ersetzt.

Ich freue mich, Sie auf Ihrem Weg durch das kaum zu überblickende Angebot begleiten zu dürfen und bin für Verbesserungsvorschläge und Kritik empfänglich.

# Von der Saat zur Zigarre

## I. Landwirtschaftliches Handwerk

**Aufzucht und Ernte**

Auf Kuba wird das Saatgut in staatlichen Pflanzstationen zu Keimlingen von ca. 15cm herangezogen, die den Tabakbauern im Alter von 45 Tagen zur weiteren Aufzucht anvertraut werden.

*Abbildung 1: Junge Tabakpflanzen*

Die weiteren Schritte zur "Rohstoffgewinnung" sind in allen Herkunftsgebieten, also auch beispielsweise in Nicaragua, Indonesien, der Dominikanischen Republik, Venezuela, Honduras und Brasilien gleich.

Eingepflanzte Setzlinge müssen fortwährend von den an den Blütenspitzen wachsenden Blüten befreit werden, um eine Abgabe wichtiger Nährstoffe in die für die Produktion wertlosen Blüten zu verhindern. Die Blätter kommen somit in den Genuss sämtlicher aus dem Boden gesogener Nährstoffe und können sich ungehindert entwickeln.

*Abbildung 2: erntereife Tabakpflanzen*

Die sich über rund einen Monat erstreckende etappenweise Ernte beginnt etwa 45 Tage nach der Saat. Die Blätter werden von unten nach oben in Schritten von je 2 bis 5 Blättern per Hand gezupft und zum Trocknen in die Gerüste der typischen Tabakhütten gehängt.

Das Aroma der hierbei geernteten Blätter ist entsprechend der Wuchsdauer und Nährstoffversorgung von der ersten bis zur letzten Etappe von abnehmender Süße, die durch höher konzentrierte ätherische Öle verdrängt wird. Nicht nur die ätherischen Öle nehmen kontinuierlich zu, auch der Nikotingehalt steigt von Etage zu Etage.

1. Etage – Volado
Blätter aus der Volado-Etage bekommen kaum Sonne ab und entwickeln nur wenig Farbe und Aroma. Sie sind jedoch wichtig für die Zigarre, da sie ein Grundstruktur geben und für einen gleichmäßigen Abbrand sorgen.

Etwa 50 Tage nach der Saat werden die untersten Blätter (Sandblätter, libre de pie) geerntet, etwa 10 Tage später weitere zwei Blätter aus der nächsten Halb-Etage (uno y medio), die süßen Blätter dieser beiden Erntegänge finden als Fülltabak und Umblätter Verwendung.

2. Etage- Seco
Die Blätter der Seco-Etage sind sehr aromatisch und die wesentlichen Elemente, um den Geschmack der Zigarre zu komponieren.
Etwa 58-62 Tage nach der Saat, werden zwei bis vier Blätter aus dem unteren hellen Mittelgut (centro ligero) entnommen, die zumeist das Deckblatt geben oder die Fülltabakmischung noch ein bisschen weiter in die gewünschte Richtung bewegen.

Nach Ablauf etwa einer weiteren Woche, 68-72 Tage nach der Saat, wartet das Hauptgut (centro fino) nun mit den besten Blättern der Pflanze auf. Sie haben sowohl satte Farbe als auch fülliges Aroma, wodurch sie alsEinlage- und Deckblatt gleichermaßen geeignet sind.

Kurz darauf, 73-75 Tage nach der Saat, werden zwei dicke, dunkle Blätter aus dem Mittelgut (centro gordo) geerntet, die wegen ihres starken Aromagehaltes eine längere Fermentationszeit benötigen, als die restlichen Blätter.

3. Etage – Ligero

Die Ligero-Blätter geben der Tabakmischung die Würze und Stärke.
Aus der Ligero-Etage geerntete Blätter genießen die meiste Sonne und profitieren von der längsten Wachstumszeit. Für die Verwendung als Deckblatt ist die Oberfläche meist zu klein, sodass die Blätter ihre vollen Aromen im Mittelpunkt der Zigarre als Einlagetabak in die Mischung einbringen können. Zudem helfen sie bei der Abbrandsteuerung.

75-80 Tage nach Aussaat sind die obersten beiden Blätter an der Reihe, sie werden der Krone (corona) entnommen.
Es handelt sich um die aromatischsten Blätter, die jedoch für die Verwendung als Deckblätter fast immer zu klein sind.

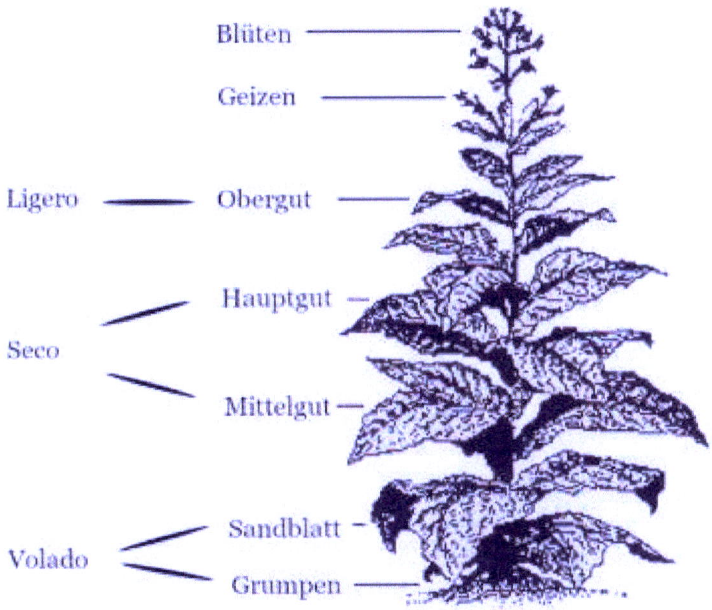


*Abbildung 3: Ernteetagen*

**Trocknung und Fermentation**

Ist die Tabakpflanze mannshoch ausgewachsen beginnt die sich über rund einen Monat erstreckende etappenweise Ernte. Die Blätter werden von unten nach oben in Schritten von je 2 bis 5 Blättern per Hand gezupft und zum Trocknen in die Gerüste der typischen Tabakhütten gehängt. Mit fortschreitendem Trocknungsgrad werden sie höher gehangen, bis sie auf oberster Stufe nur noch rund 15% ihrer Ausgangsmasse vorzuweisen im Stande sind.

Mit fortschreitendem Trocknungsgrad werden sie höher gehangen, bis sie auf oberster Stufe nur noch rund 15% ihrer Ausgangsmasse vorzuweisen im Stande sind.

Nach Abschluss des Trocknungsprozesses beginnt die Fermentation, ein gewollter und kontrollierter, oder wenigstens überwachter, Gärungsprozess. Hierbei muss die Temperatur in einem Bereich von knapp unter 33°C gehalten werden, beispielsweise durch Regulierung der Luftzufuhr oder Wenden der Ballen zur rechten Zeit.

*Abbildung 4: Blick in eine Fermentationshütte*

Anders als Deckblätter durchlaufen jene Blätter, die für Einlage und Umblatt vorgesehen, sind einen zweiten Fermentationsprozess, der abhängig von der ursprünglichen Lage auf der Pflanze (Erntestufe) von 45 Tagen für Blätter aus dem unteren Drittel bis zu über 60 Tagen für jene aus der mittleren Lage bis zu 90 Tage für Blätter aus dem oberen Drittel beträgt und eine Temperatur von 45°C im Bündel nicht überschreiten darf, da sonst empfindliche Verluste bei der Blattqualität und damit verbunden der Aromen drohen. Die Blattbündel werden an Stangen aufgereiht und auf hohen Gerüsten in luftigen Hütten zur Fermentation aufgehängt. So kann durch die Regulierung der Luftströmung und der Sonneneinstrahlung das Klima innerhalb der Hütte gesteuert werden. Während der Fermentation werden die Blattbündel mehrmals umsortiert, um das bestmögliche Ergebnis zu bekommen.

## II. Handwerkskunst

### Vorbereitung und Sortierung

Für die Produktion werden die fermentierten Blätter entrippt, also von dem Blattstiel befreit, bei Bedarf werden auch unvorteilhafte Blattadern herausgelöst.
Entsprechend der Tabaksorte und der Ernteebene werden die Blätter für Einlagetabak, Umblatt oder Deckblatt vorsortiert. Zwar denkt man in der Regel nicht darüber nach, was genau in der Zigarrenkomposition steckt. Doch macht man sich auch nur oberflächlich Gedanken über die Produktion von Zigarren, ist es nicht verwunderlich, dass Tabaksorten eigens für die vorgesehene Verwendung gezüchtet werden. So werden beispielsweise in den US-Bundesstaaten Vermont und Connecticut „Shade"-Tabake aufgezogen, die unter riesigen Sonnensegeln in schützendem Schatten (engl. shade) heranwachsen. Daraus resultieren feine, zucker- und ölarme Blätter, die wegen ihrer feinädrigen Struktur gut aussehen, ausgewogen sanftes Aroma geben und obendrein leichter zu rollen sind. Verwendung finden sie hauptsächlich als Deckblätter, sehr gerne aber auch Bestandteile der Tabakmischung in der Puppe.

Eine Besonderheit stellen grüne Deckblätter dar. Sie werden zumeist aus im Schatten gezogenen Pflanzen (also den eben erwähnten Shade-Tabaken) hergestellt. Die Blätter reifen langsam und sind üblicherweise besonders zart und dünn, sagen wir ruhig *grazil*. Werden diese Blätter nun bei hoher Temperatur innerhalb nur weniger Tage getrocknet kommt es nicht zur Fermentation, die Blätter bleiben also grün. Solche Deckblätter sind immer ein Blickfang und verleihen der Zigarre heuig-blumig-teeig-kräuterliche Noten im Aroma.

Die höchsten Anforderungen werden an die Deckblätter gestellt, welche anschließend nach Farbe und Güte sortiert den weiteren Produktionsstufen zugeführt werden. Für Deckblätter gelten strenge optische Anforderungen bereits bei niedrigen Preisniveaus, beispielsweise sind Löcher oder Risse nicht toleriert. Ab einem gewissen Produktionsniveau ist auch eine einheitliche Färbung in exakt vorgegebenem Farbton eine Grundanforderung, die sich selbstverständlich auch im Verkaufspreis niederschlägt.

**Long- oder Shortfiller**

Die weitere Produktion unterscheidet sich je nach Zielstellung. Bei Zigarren wird grundlegend in Shortfiller und Longfiller unterschieden.
Bei Shortfiller-Zigarren werden zerkleinerte Tabakblätter (engl. daher short = kurz) in aller Regel maschinell in das Umblatt gefüllt (engl. fill = füllen). Diese Methode ist ansich noch kein Anhaltspunkt für qualitative Fragestellungen. Die Aromen werden von der Zusammenstellung der Einlagetabake bestimmt, nicht von der Größe der einzelnen Bestandteile. Mit ganz viel Wohlwollen und Wichtigtuerei kann man vielleicht hinsichtlich einer vor- oder nachteiligen Durchmischung der Komponenten argumentieren. Aber das gerät eher ins Lächerliche, denn zu einem brauchbaren Ansatz.
Jedoch lässt sich festhalten, dass es meinem Kenntnisstand nach unter den Premium-Zigarren keine Shortfiller gibt. Die Ursache hierfür liegt meines Erachtens weniger in der Qualität, als vielmehr in dem Mythos, der besagt, dass eine gute Zigarre ein handgerollter Longfiller sein muss. An dieser Stelle kann wohl eher von Verkaufstaktik ausgegangen werden.
In gleicher Sphäre ist die oft genug widerlegte Legende einzuordnen, besonders wertvolle Zigarren seien von Jungfrauen auf ihren Schenkeln gerollt worden.

Das gesamte Segment von Premium-Zigarren besteht wie bereits erwähnt aus Longfiller-Zigarren. Es gibt gegenwärtig keine Maschinen, die diese Handwerkskunst bewerkstelligen können.

Wer bereits einmal beim Rollen einer Zigarre zusehen durfte, wird auch eine gewisse Freude über diesen Umstand bestätigen können. Dieser Vorgang ist nicht nur von Handwerkskunst geprägt, sondern birgt obendrein eine unglaubliche Ästhetik in sich.

Wenn ich eine Zigarre rauche denke ich auch immer ganz bewusst daran, dass es sich um ein von Menschenhand gefertigtes Produkt handelt. Beim Umgang mit Zigarren sollte meiner Meinung nach auch immer der Respekt gegenüber den Mitarbeiterinnen und Mitarbeitern mitschwingen.

*Abbildung 5: Puppen im Tableau*

**Rezeptur und Montage**

Jede Zigarre hat eine feste Rezeptur, logisch. Um Zigarren entsprechend der Rezeptur herstellen zu können, werden die Rohtabake von den Tabakbauern meist im Rahmen langfristiger Liefer- und Abnahmeverträge gekauft.Mitunter werden auch neue Tabaksorten gemeinsam mit Tabakbauern gezüchtet.

Im ersten Montageschritt werden die Tabakblätter entsprechend der vorgegebenen Rezeptur zusammengestellt, in die gewünschte Form gebracht und mit einem stabilisierenden Umblatt versehen. Das verwendete Umblatt ist technische Notwendigkeit, leistet aber auch einen Beitrag innerhalb der Tabakkomposition.

Als Ergebnis ist eine Tabakrolle, als Wickel oder Puppe bezeichnet, entstanden, die bereits eine Zigarre erkennen lässt. Diese werden in

Tableaus eingelegt, um ihre Form zu erhalten, gegebenenfalls werden Überstände entfernt und die Puppen auf einheitliche Länge gebracht.

Dieser erste formgebende Schritt nach der Zusammenstellung der Einlage ist bereits wesentlich für das spätere Raucherlebnis. Gerät die Puppe zu fest oder zu locker leiden Glutstabilität, Zugwiderstand und infolgedessen die Rauchdauer. Andererseits müssen in diesem Schritt sozusagen nebenbei auch die Kanäle zwischen den Tabakblättern realisiert werden, die es erst ermöglichen, Luft durch die Glut zum Anschnitt zu ziehen. Könnte die Luft nicht durch diese Kanäle gesogen werden, wäre es unmöglich, die Zigarre zu rauchen.

*Abbildung 6: Tableaus in der Presse*

Hernach werden die auf diese Weise hergestellten Puppen in ein Deckblatt eingerollt, welches mit steigendem Verkaufspreis auch näher an die Makellosigkeit heranreicht. Bei Zigarren etwa ab der Mittelklasse werden die Zigarren farblich und gegebenenfalls musterrein in die Kisten sortiert, um den Aficionados einen bestmöglichen Eindruck bereits vor dem ersten haptischen Kontakt zu bieten. Premium ist eben ein universelles Versprechen auf das Extra an Klasse.

Verschnitt kann nicht vermieden werden, aber so gut wie möglich verwertet. Die Kappe, die die Zigarre am später anzuschneidenden Kopf verschließt, wird aus Überbleibseln der Deckblätter zugeschnitten und mittels eines geschmacksneutralen pflanzlichen Klebers, der auch das Deckblatt auf der Puppe fixiert, aufgebracht.

Geübten Arbeitern geht dieser Prozess binnen weniger Minuten von der Hand, bis es soweit ist gehen jedoch einige Jahre ins Land und mit Sicherheit tausende Zigarren durch die Hand. Je nach Fabrik wird der gesamte Prozess von einer Person erledigt oder von mehreren arbeitsteilig erledigt. Es ist durchaus lohnenswert, sich im Internet mittels Videos eine Vorstellung von der "Montage" einer Zigarre zu machen.

## III. Formate und Größen

**Vokabular**

Sprechen wir über Zigarren geht damit zwangsläufig ein kleines Vokabeltraining einher. Der Herkunft aus spanischsprachigen Regionen ist die Verwendung von spanischen Begriffen für die meisten Dinge, die in Zusammenhang mit Zigarren stehen, geschuldet. Ganz konsequent geschieht dies freilich nicht, sprechen wir doch vom Aschenbecher statt dem Cenicero oder vom Feuerzeug statt vom Encendedor. Ob es nicht weltbürgerlich genug klingt oder einfach zu viel des Guten wäre, ich vermag nicht, es einzuschätzen. Vielleicht ist es auch einfach marketingpsychologisch bedingt, ein gewisses fachsprachliches Fundament zu pflegen, den Umfang jedoch auf ein notwendiges Minimum zu beschränken.

Spricht man über Zigarren, so geschieht dies überwiegend in der Mehrzahl. Man hat nicht einfach "eine La Aurora 107 Zeppelin" geraucht, sondern die "La Aurora 107 Zeppelins" genossen.

Die Formate als Oberbegriff werden als Vitola bezeichnet. Bei den Vitolas wird unterschieden zwischen zwischen Parejos und Figurados. Parejos sind zylindrische Formate, die von Kopf bis Fuß durchgehend gleichmäßige Durchmesser (Ringmaß) aufweisen. Man könnte sagen, dass es sich für Zigarrendreher (Torcedores) und Zigarrenraucher (Aficionados; wörtlich: Liebhaber, Fan) gleichermaßen um Einsteigerformate handelt. Figurados sind im Umkehrschluss jene Formate, die nicht mit einheitlichem Ringmaß (auch üblich engl.: Gauge) aufwarten. Darunter fallen beispielsweise die Formate Perfecto (auch: Diplomat genannt) und Pyramid.

Aus den im Laufe der Zeit mit Sicherheit nahezu unzähligen Experimenten mit Längen, Durchmessern und Formgebungen haben sich die heute gängigen Formate als die Nützlichsten beziehungsweise Marktgängigsten erwiesen. Unserem urdeutschen Verlangen nach Ordnung, Schubladen und Normierung hat die Zigarrenindustrie einen kleinen Kinnhaken anzubieten.

Die Hersteller bieten ihre Kreationen üblicherweise in verschiedenen Formaten an. So gibt es von der (imaginären) Serie "Eichbraune Mangrovas" eine mächtige Churchill, eine anmutige Diplomat, eine massentaugliche Robusto und eine kleine Panatella. Mit etwas Glück sogar noch ein Zigarillo. Die Tabakmischung ist in allen Fällen die gleiche, das Geschmackserlebnis kann jedoch variieren. Sei es wegen des von groß zu klein kürzer werdenden Weges von der Glut zum Anschnitt, wegen der formatbedingt geringeren Menge der jeweiligen Tabake und entsprechend "dickerer" oder "dünnerer" Beiträge zum Erlebnis- jedes Format hat seine für den Aficionado individuellen Vor- und Nachteile.

Ein Element ist sicherlich der Faktor Zeit. Ein kleineres Format ist mit geringerer Rauchdauer behaftet, als ein großes. Soweit klar. Aber auch bei unterschiedlichen Zigarren selben Formats kann die Rauchdauer deutlich verschieden ausfallen, unter anderem abhängig von

Feuchtigkeitsgehalt, Festigkeit der Wicklung, Zugfrequenz, Zugstärke und so weiter.

Ebenfalls formatabhängig ist die Geschmacksentfaltung. Dickere Formate geben bei jedem Zug mehr Geschmacksträger an den Rauch ab, der im ersten und ggf. zweiten Drittel auf dem längeren Weg etwas kühler wird und entsprechend aromatischer beim Aficionado ankommt. Größerer Durchmesser bedeutet auch langsameres Verglimmen und fülligeren Rauch, unabhängig von der Länge. Einige Aficionados bevorzugen Zigarren mit geringerem Ringmaß, weil der Anteil der Fülltabake im Verhältnis zu Umblatt und Deckblatt geringer ist. Dieser Argumentation kann man in gewisser Weise folgen, wenn man bedenkt, dass die qualitativ besseren Blätter naturgemäß für Um- und Deckblatt verwendet werden. Ob sich diese Verhältnisänderung tatsächlich derart bemerkbar auswirkt wäre eine persönliche Testreihe durchaus wert.

Die Vitola, also das Format der Zigarre, wird in zwei Grundformen unterschieden, Parejo und Figurado. Als Parejo werden Zigarren mit einer gleichmäßig zylindrisch verlaufenden Form bezeichnet. Sie besitzen über die gesamte Länge das gleiche Ringmaß. Figurados hingegen sind Zigarren, deren Körper unterschiedlich dick geformt ist. Sie laufen entweder an einem Ende oder an beiden Enden spitz zusammen und haben folglich kein einheitliches Ringmaß, es wird der dickste Querschnitt der Zigarre angegeben.
Als Ringmaß bezeichnet man den Durchmesser einer Zigarre. Historisch bedingt kam es nie in Frage, unser junges metrisches System zu verwenden, sodass die Angaben in Zoll (" bzw. inch) erfolgen. Ein Zoll entsprach einst der Daumenbreite eines Mannes und war folglich großzügigen Schwankungen ausgesetzt. Die metrische Entsprechung von 1" ist erst Mitte des 20. Jahrhunderts verbindlich mit 25,4 mm festgelegt worden. Glücklicherweise wurde die typisch amerikanische Angabe in Brüchen nicht übernommen, auch Dezimalangaben sind unüblich. Allerdings erspart uns das nicht eine gewisse Übungszeit, bis eine Vorstellung gefestigt ist, wie dick oder dünn ein Ringmaß von 50 ist. Die Angabe ist gewöhnungsbedürftig, da sie als Zähler eines zölligen

Bruchs erfolgt. Jene Aficionados, die im beruflichen oder privaten Umfeld mit zölligen Maßen zu tun haben, dürften hierbei folglich auch kaum im Vorteil sein. Zwar hat jeder Heizungsbauer sofort eine exakte Vorstellung davon, wie groß ¼" ist. Als Maschinenbauingeneur dürfte es nicht anders aussehen. Aber als Aficionado braucht es doch noch zusätzliche geistige Klimmzüge, die Maße zutreffend einzuschätzen.

Das Ringmaß wird nämlich nicht einfach so in Zoll angegeben, sondern in vierundsechzigstel Zoll (n/64").
Ein Zoll entspricht 25,4 mm, 1/64 davon sind 0,396875mm. Für unsere Rechengewohnheiten wenig attraktiv... Ringmaß 1 ist also 1/64" (~0,4mm) und entspricht der Strichbreite eines Fineliner-Stiftes; Ringmaß 5 bedeutet 5/64" (1,98mm) und ist etwa so dick wie ein Wiener Würstchen.
Das kleinste übliche Ringmaß findet sich bei Cigarillos und misst 20/64" (7,9mm). Bei den meisten Serien beträgt das größte Ringmaß nicht mehr als 60 (23,81mm), kann aber ganz gewollt auch darüber liegen. Von NUB und Dalay gibt es beispielsweise Serien mit Ringmaß bis zu 77 (sagenhafte 30,56mm). Zum Vergleich: das entspricht dem linken Griff an einem Motorrad!
Unter Umständen kann es zu Schwierigkeiten mit dem vorhandenen Equipment kommen, wenn man auf große Ringmaße nicht eingestellt ist. Bohrer und Cutter haben nun einmal ihre Grenzen, die in der Regel am Durchschnitt orientiert sind (ja, ein Wortspiel). Hier sind wiederum alternative Methoden im Vorteil, wie beispielsweise V-Cutter oder Zigarrenpiekser.
Zur Übersicht enthält nachfolgende Tabelle alle Ringmaße von 20 bis 77 umgerechnet in mm.

| 20 = 7,90mm | 30 = 11,91mm | 40 = 15,88mm | 50 = 19,84mm | 60 = 23,81mm | 70 = 27,78mm |
|---|---|---|---|---|---|
| 21 = 7,94mm | 31 = 12,30mm | 41 = 16,27mm | 51 = 20,24mm | 61 = 24,21mm | 71 = 28,18mm |
| 22 = 8,73mm | 32 = 12,70mm | 42 = 16,67mm | 52 = 20,64mm | 62 = 24,61mm | 72 = 28,58mm |
| 23 = 9,13mm | 33 = 13,10mm | 43 = 17,07mm | 53 = 21,03mm | 63 = 25,00mm | 73 = 28,97mm |
| 24 = 9,53mm | 34 = 13,49mm | 44 = 17,46mm | 54 = 21,43mm | 64 = 25,40mm | 74 = 29,37mm |
| 25 = 9,92mm | 35 = 13,89mm | 45 = 17,86mm | 55 = 21,83mm | 65 = 25,80mm | 75 = 29,77mm |
| 26 = 10,32mm | 36 = 14,29mm | 46 = 18,26mm | 56 = 22,23mm | 66 = 26,19mm | 76 = 30,16mm |
| 27 = 10,72mm | 37 = 14,68mm | 47 = 18,65mm | 57 = 22,62mm | 67 = 26,59mm | 77 = 30,56mm |
| 28 = 11,11mm | 38 = 15,08mm | 48 = 19,05mm | 58 = 23,02mm | 68 = 26,99mm | |
| 29 = 11,51mm | 39 = 15,48mm | 49 = 19,45mm | 59 = 23,42mm | 69 = 27,38mm | |

Die Hauptformate in den Sortimenten der Tabakhändler dürften wohl Robustos, Coronas und Churchills sein, allesamt Figurados, also mit gleichbleibendem Ringmaß.

Während bei Parejos Länge und Ringmaß den Unterschied machen und unskaliert, also ohne Bezugsgrößen, nahezu keine weitere Unterscheidung möglich ist, bieten die Erscheinungsformen der

Figurados eine umfangreichere Vielfalt, wie nachstehende Illustration erahnen lässt.

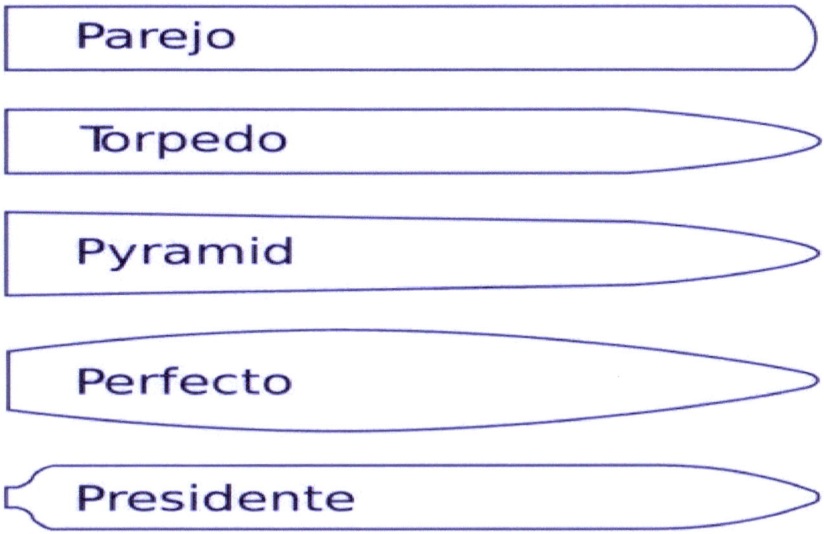


*Abbildung 7: Grundlegende Unterscheidung der Formate*

## IV. Besondere Formate

Neben Standards sind auch gerne Exoten anzutreffen. Diese können wie bereits beschrieben durch überdurchschnittlich großes Ringmaß oder besondere Länge in Erscheinung treten, aber auch durch eher seltene Formate, wie jene nachfolgend vorgestellten.

**Culebras**

Als wahrscheinlich exotischstes Format dürfen die Culebras gelten. Das spanische Wort für Schlange beschreibt den eigenwilligen Anblick dieser Zigarren mit ungeklärter Herkunft.

Thesen dazu sind Eigenverbrauchsproduktion für Mitarbeiter der Fabriken, die durch ihre Erscheinung klar als nicht Serienmäßig zu erkennen waren und dadurch nicht als Konkurrenz auf dem Schwarzmarkt gehandelt werden können.

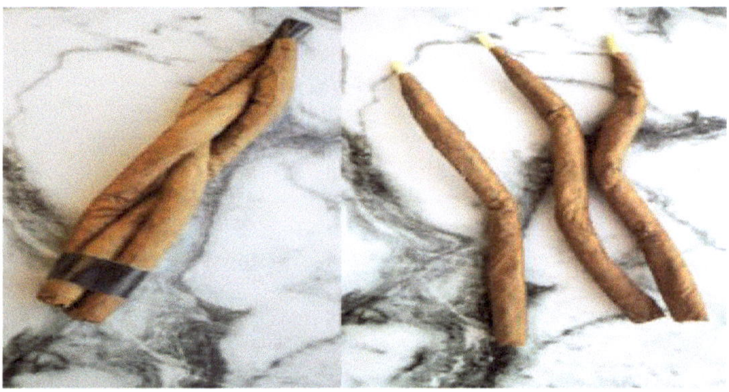

*Abbildung 8: Culebras*

Dank der Hipster-Subkultur kommen die aus alten Filmen bekannten Zigarren langsam wieder in Mode und das Angebot wurde geringfügig erhöht.

Gebräuchliche umgangssprachliche Bezeichnungen sind Krumme, Schlange, Zopf und Drilling. Üblicherweise werden lockerer gewickelte

Panatellas (lang und schlank) verwendet, um keine Schäden beim flechten zu nehmen.

Auf den ersten Blick könnte man annehmen, sie seien dazu gedacht, zugleich geraucht zu werden. Wegen fehlender Verbindungselemente ist das allerdings gar nicht möglich, sie würden recht bald auseinander fallen. Sind die beiden Bauchbinden entfernt hat man drei einzelne Krumme.

**Perfecto**

Nicht besonders, weil selten, sondern meiner Ansicht nach besonders, weil besonders schön. Es handelt sich um ein Standardformat, welches wohl kein Hersteller nicht im Sortiment hat. Gleichwohl strahlt es Eleganz und Anspruch aus.

*Abbildung 9: Perfecto*

**Boxpressed**

Ein in unserer Region leider sehr seltene Variation der Standardformate ist die als “ ” zeichnete viereckige Zigarre. Kommen Sie also mit einer “Robusto Boxpressed” oder “Toro Boxpressed” in Kontakt, handelt es sich um eine Zigarre im benannten Format, jedoch nicht rund, sondern viereckig. In den USA ist diese Variante verbreiteter, der hiesige Markt scheint dafür noch nicht bereit zu sein.

Ursache dieser für Zigarren ungewohnten Form ist die druckvolle, zwischenraumfreie und bündige Lagerung und Reifung in Kisten. Die Zigarren werden deutlich lockerer gedreht, um bei der formgebenden Einbringung in die Kisten nicht zu reißen oder aufzuplatzen. So kommen sie zur vierkantigen Form und behalten diese nach dem Trocknungs- bzw. Reifungsprozess bei.

*Abbildung 10: Boxpressed Zigarre im Diamond-Shape*

Geschmacklich ergeben sich meines Erachtens bestenfalls geringfügige Auswirkungen. Die Form wirkt sich bei der Lagerung im Humidor raumsparend aus und sie können quasi sorglos an der Tischkante abgelegt werden, denn sie können nun mal nicht wegrollen.

**Skurrilitäten**

Dann wiederum gibt es solche Spezialitäten, die man nur vom Hören-Sagen oder von Bildplattformen im Internet kennt, aber eigentlich niemanden, der diese fabelhaften Zigarren je selbst geraucht hat. Ein solches Format ist das Egg (Ei), welches aussieht, wie es klingt. Es ist eiförmig und an beiden Enden geringfügig verjüngt, gerade ausreichend zum anzünden und ziehen.

Sporadisch stolpert man auch mal über Zigarren in Football-Form oder auch als Baseballschläger geformt, mit Elementen versehen, die als typische Bestandteile der Vorbilder erkennbar sind.

Dass diese Kleinstserien auf unserer Seite des Atlantiks kaum zu bekommen sein dürften ist verständlich, sind sie doch oftmals eigens in Auftrag gegeben und nur exklusivem Kreise zugänglich.

**Deckblattfarben**

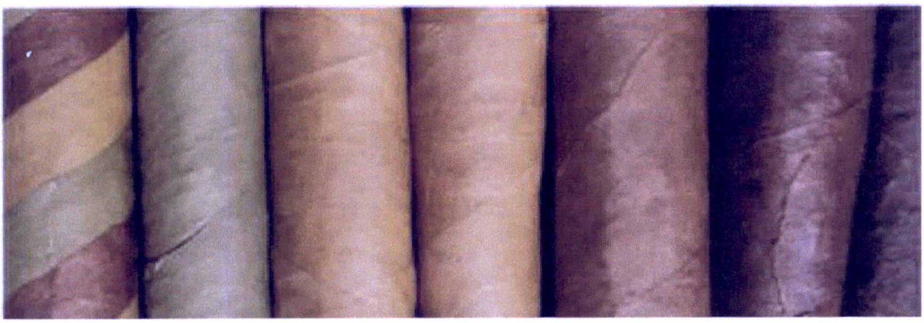

1 2 3 4 5 6 7

Der Farbverlauf wird von hell nach dunkel bezeichnet als

| | |
|---|---|
| 1 Barber´s Pole | |
| 2 Candela | grün |
| 3 Double Claro | sehr hell |
| 4 Claro | hell (color claro = span.: Lichtfarbe) |
| 5 Colorado Claro | mittelbraun |
| 6 Colorado Maduro | mitteldunkelbraun |
| 7 Maduro | dunkelbraun |
| Oscuro | schwarz (nicht im Bild) |

Nicht als Format, sondern als Farbgestaltung ungewöhnlich, sind Zigarren, die mit zweierlei verschiedenen Deckblättern gewickelt wurden und an die Stangen am Barbershop erinnern. Eine Serie ist mir bekannt, die ein dunkelbraun-grün-gelblich gestreiftes Deckblatt als Akzent bietet ganz links im Bild).
Grundlegend kann man sagen, dass die Tabakblätter längere Sonneneinstrahlung mit dunklerer Farbe quittieren.

Die Farbe selbst lässt keinen belastbaren Rückschluss auf das Aroma der Zigarre zu, da der Masseanteil von Umblatt und Deckblatt im Verhältnis zum Masseanteil des Fülltabaks sehr gering ist. Sie entfalten unstrittig Einfluss, sind jedoch eher im Bereich optischer Bevorzugungen einzuordnen.

# Zigarren kaufen

Wer das Glück hat, bei den ersten Zigarreneinkäufen in den Genuss fachkundiger Beratung zu kommen, wird sehr wahrscheinlich mit Zigarren in den Formaten Short Robusto, Robusto, Petit Corona oder Corona beraten werden.

Je länger die Formate sind, umso mehr Ablagerungen sammeln sich am Ende der Zigarre, die ihrerseits auch dem beim Zug durchstreifenden Rauch mit Aromen versorgen. So kommt es zu bitteren und pfeffrigen Aromen. Obendrein bringen längere Zigarren auch eine längere Rauchdauer mit sich, wodurch nicht nur die Konzentration auf die Aromen, sondern auch eine gewisse Nikotinresistenz gefordert werden. Das trifft beispielsweise auf Churchills zu.

Gleicher Sachverhalt trifft auf Formate jeder Größe mit verjüngtem Ende zu, das können Torpedos, Presidentes und ähnliche Formate sein. Ein weiteres Merkmal geeigneter Formate für die ersten Erfahrungen ist das Ringmaß. Schlanke Formate haben einen tendenziell höheren Zugwiderstand, der eher zum Heißrauchen führen und das Rauchererlebnis trüben kann. Größere Ringmaße lassen kühleres Verglimmen, voluminöseren Rauch und dadurch besseren Transport der Aromen erwarten.

Kurz gefasst:
Lang und schmal, des Neulings Qual,
kurz und dick, des Beginners Glück.

Aus dem Format oder der Farbe einer Zigarre auf deren Nikotingehalt zu schließen ist übrigens absoluter Unfug, auch wenn es in diversen Onlineforen immer wieder gerne behauptet wird. Der Nikotingehalt ist von den verwendeten Tabaken und deren Verarbeitung (Ernteetage, Erntezeitpunkt, Fermentation, etc.) abhängig, nicht von deren Länge oder Dicke im Endprodukt.

# Zigarren lagern

Es dürfte selten der Fall sein, eine Zigarre unmittelbar nach dem Erwerb zu rauchen. Vielleicht bei einer gut organisierten Hochzeitsfeier oder später im Hotel. Aber in der Regel werden bei einem Besuch beim Tabakhändler mehrere Zigarren gekauft und müssen fortan bis zur zweckbestimmten vollständigen Zerstörung sachdienlich gelagert werden.

Bis zum Verkauf werden die Zigarren im Geschäft optimal oder mindestens sehr gut gelagert. Bei gleichbleibender relativer Luftfeuchtigkeit von 69-72%, 20°C und kontinuierlicher Luftumwälzung erwarten die edlen Laubrollen sehnsüchtig und geduldig den Eigentümerwechsel. Idealerweise erwarten sie ihren bestimmungsgemäßen Gebrauch bei ebenso sorgsamer Lagerung. Doch diese Lagerbedingungen kann oder will nicht jeder Zigarrenraucher schaffen, sodass für die möglicherweise wenigen Anlässe im Jahr die edlen Zigarren zwar behelfsmäßig, aber dennoch sachgemäß gelagert werden müssen.

### Transportverpackung

Für den Transport werden sie nun vom Händler entweder in verschließbare Kunststoffbeutel oder in Aluröhrchen (Tubo) verpackt. Die Tubos bieten einerseits kurzfristig ein zigarrenfreundliches Mikroklima, da sie zunächst die Temperatur des Verkaufsraums bzw. Humidors (=feuchtigkeitsregulierendes Aufbewahrungsbehältnis) haben und andererseits die Feuchtigkeit nicht entweichen kann, die Zigarre trocknet also nicht aus. Der eigentliche Vorteil gegenüber den Tüten, die den gleichen klimatischen Effekt haben, liegt in der Stabilität. Die Zigarre kann nicht zerbrechen, was leider ein großes Risiko während des Transports ist.

Der Nachteil ergibt sich hingegen aus der so transportierbaren Menge. Eine einzelne Zigarre lässt sich im Tubo optimal transportieren, wer sich für eine ganze Kiste entscheidet hat ebenfalls ein ideales Transportbehältnis. Alle Mengen zwischen eins und Kiste müssen also entweder mit vielen Tubos oder mit besonders vorsichtigem Transport in der Tüte erfolgen. Man könnte auch auf ein Zigarrenetui zurückgreifen. Die in vielen Preisklassen von "erfüllt seinen Zweck" bis "meine Güte, ist das luxuriös" erhältlichen Etuis sind zumeist aus Holz oder Leder, leider stark zunehmend auch Kunststoff, gefertigt und auf bestimmte Formate ausgerichtet. Die meisten Etuis fassen zwischen einer und fünf Zigarren nebeneinander, beispielsweise Robustos oder Coronas. Während drei mal schmaler und/ oder kürzer keine Probleme bereitet verkehrt sich der Vorteil bei für das Etui zu großen Formaten ins Gegenteil und es muss doch ein Tubo her.

**Improvisierter Humidor**

Endlich mit den unversehrten Zigarren angekommen beginnt die eigentliche Lagerung, die auch Jahre umfassen kann. In meinem Humidor liegt seit 2011 eine Zigarre, für die ich einfach noch keine passende Gelegenheit gefunden habe. Nicht zur Hochzeit, nicht zu den Geburten der Kinder, nicht zur bestandenen Meisterprüfung. Auf welche Gelegenheit wir warten? Ich weiß es nicht. Aber sie ist dank optimaler Lagerung seit über 10 Jahren jederzeit rauchbar.

Ist man (wenigstens zu Beginn der Reise) nicht Besitzer eines Humidors kann man Zigarren für einige Tage oder Wochen in der Transporttüte oder im Tubo im Kühlschrank belassen, für längere Aufbewahrung kann eine Frischhaltedose im Kühlschrank genutzt werden. Es sollten urtümliche Vorkehrungen gegen Schäden durch Kondensat ergriffen werden, beispielsweise durch Auflage auf eine Erhöhung, wie im Bild zu erkennen ist. Hier kann es sich als hilfreich erweisen, etwas feuchtes Küchenkrepp in den Behälter zu geben, jedoch sollten die Hölzer kein Wasser ziehen und an die Zigarren weitergeben können.

Den direkten Kontakt zwischen Wasser und Zigarren gilt es selbstverständlich zu vermeiden. Auch sollten nachvollziehbarerweise auf die Zigarren keine weiteren Querträger aufgelegt werden, die einer zusätzlichen Etage Platz bieten. Derlei Gedanken sind zweifelsfrei Indikatoren für die Notwendigkeit, einen Humidor zu beschaffen.

**Humidor**

Mit großer Wahrscheinlichkeit wird früher oder später ein Humidor den Haushalt schmücken. Sei es wegen des immer wieder neu verhandelten Platzbedarfs im Kühlschrank oder einfach nur, weil ein Humidor auch ein dekoratives Element im Raum ist.

*Abbildung 11: Behelfshumidor für die Anfangszeit*

Natürlich gibt es von einem kleinen Tischhumidor für 5 bis 10 Zigarren über solche für 50 bis 100 Zigarren bis hin zu Humidorschränken für 300 Zigarren und mehr sämtliche denkbaren Varianten. Auch

begehbare Humidore finden sich in den Häusern mancher Aficionados. Die einzige Grenze ist das Budget.
Ein durchschnittlicher Humidor für den durchschnittlichen Bedarf und etwa 10 bis 20 Zigarren ist bereits ab rund 30,00€ erhältlich und erreicht selbst in der Massenproduktion bis über 4.000,00€ für freistehende Schränke mit einem Fassungsvermögen von rund 2.500 Zigarren.

Viele Geheimnisse zum Humidor gibt es nicht zu verraten. Es sollte ausreichend Platz für die (erwartete) Menge zu lagernder Zigarren vorhanden sein und die Luft sollte innerhalb des Behälters zirkulieren können, beispielsweise durch Bohrungen oder Schlitze in Zwischenwänden und Zwischenböden. Nach außen hin muss der Humidor dicht sein, weder Feuchtigkeit noch Trockenheit aus der Umgebung sollen auf das Mikroklima einwirken können, dann könnten wir uns den Aufwand auch ersparen.

Hartnäckig hält sich der Rat, den Humidor regelmäßig zu lüften. Wenn man sich nur zwei Minuten lang Zeit nimmt, darüber nachzudenken, erlangt man schnell zur Erkenntnis, dass es unglaublicher Unfug ist. Wir beschaffen eigens ein Aufbewahrungsbehältnis, in welchem sich ein ganz bestimmtes Mikroklima entwickeln und dauerhaft halten soll. Nun wird der Humidor gelüftet und dieses aufwendig erarbeitete Mikroklima zerstört. Der exakt gleiche Grund, warum man ein eingefahrenes Aquarium nicht mit einem vollständigen Wasser- und Filterwechsel quält. Schreibt jemand eine wunderbare Diplomarbeit, um sie dann nach einmaligem Lesen wegzuwerfen? Nein, natürlich nicht. Warum soll es dann beim Humidor gemacht werden? In Zeiten, wo die Befeuchtungssysteme nicht ausgereift oder überhaupt nicht vorhanden waren konnte man dadurch mit Sicherheit etwas bewirken.

Als Aficionado kann man mit dem Wissen über das Holz der Wahl für den Humidorbau lange Gespräche anstoßen. Es handelt sich um Spanische Zeder, die allerdings weder spanisch noch Zeder ist.
Zedern sind Nadelbäume aus dem Mittelmeerraum und Himalaya. Sie sind zum Humidorbau wegen ihres intensiven Duftes denkbar

ungeeignet, es gibt für Zedernholz bessere Verwendungsmöglichkeiten. Die Spanische Zeder wiederum ist jedoch gar kein Nadelbaum, sondern ein Laubbaum und gehört zur Familie der Mahagonigewächse.
Das Holz der Spanischen Zeder hat für die Zigarrenlagerung bedeutende Spezifikationen. Es unterstützt durch sein eigentümliches Aroma die Reifung der Zigarren und ist dank seiner speziellen Eigenschaften für die Regulierung der relativen Luftfeuchtigkeit im Humidor besonders geeignet.
Die Herkunft der Spanischen Zeder, deren Holz im Handel vielerlei Namen trägt, ist gar nicht Spanien, sondern aus Westafrika und Südamerika.

Wesentlicher Knackpunkt bei der Lagerung ist die relative Luftfeuchtigkeit, da die Feuchtigkeit der Zigarren selbst bei rund 13% optimal ist (im Gegensatz zu fast staubtrockenem Zigarettentabak). Die Feuchtigkeit bindet die ätherischen Öle, auf die wir es abgesehen haben. Man kann es sich im Grunde ganz vereinfacht so vorstellen: Ist die Feuchtigkeit in der Zigarre sind auch die ätherischen Öle und somit Aroma in der Zigarre. Gibt die Zigarre Feuchtigkeit ab verlassen auch ätherische Öle die Zigarre und der Geschmack, die Aromen, das Raucherlebnis flachen mit der Zeit ab. Pflegt man nun das optimale Mikroklima im Humidor wird diese Abgabe an die Luft verhindert oder wenigstens hinaus gezögert.
Hierzu wird eine relative Luftfeuchtigkeit von 65-70% benötigt. Relative Luftfeuchtigkeit gibt die temperaturabhängig in der Luft gebundene Feuchtigkeit an. Höhere Temperatur führt zu höherem Wasseranteil in der Luft, niedrigere Temperatur entsprechend zu einem höheren Wasseranteil in der Luft. Hierzu gibt es im Internet umfangreiche Erklärungen und Rechenbeispiele. Erleichtert wird die Erhaltung des Mikroklimas durch eine einigermaßen konstante Temperatur. Die Luft im Humidor nimmt zwangsläufig die Temperatur der Umgebung an. Sie sollte konstant oder wenigstens nur gering schwankend zwischen 20°C bis 28°C sein, Unterjährige Temperaturschwankungen sind normal, der Standort kann hier ausschlaggebend sein. Kälte durch Zugluft ist ebenso wenig zuträglich wie direkte Sonneneinstrahlung oder eine Heizung oder gar ein Kamin direkt am Standort.

Essentiell ist ein Hygrometer, um die vorherrschende Luftfeuchtigkeit zu überwachen. Es gibt sowohl analoge als auch elektronische Modelle, jeweils von billig bis teuer, jeweils von hässlich bis ästhetisch anspruchsvoll.

Bei der Befeuchtungseinrichtung reichen die Angebote von Schwämmen über feuchtigkeitsregulierende Granulate (auch in sog. Hydropacks) bis hin zu elektronisch gesteuerten Vernebelungsanlagen. Die optimale Methode hängt sicherlich mehr von dem Willen zur Wartung, als vom Preis ab. Sterilisiertes Wasser muss mit Ausnahme der Befeuchterpacks/ Hydropacks bei jedem System regelmäßig nachgefüllt werden, Batteriewechsel sind ebenfalls in gewissen Abständen fällig. Darüber hinaus sind keine weiteren Arbeiten notwendig, wenn die Routine erst einmal eingefahren ist. Vorteil der elektrischen Befeuchter ist die zumeist eingebaute Ventilation, die für Luftbewegung im Humidor sorgt.

# Zigarre anschneiden

Einige Zigarren sind bereits am Kopfende angeschnitten, zumeist mit geradem Schnitt, seltener keilförmig (V-Cut). Jedoch werden Sie spätestens am unteren Ende des mittleren Preissegments nicht umhin kommen, die Zigarre selbst "rauchbar" zu machen.

Zum Anschnitt gibt es mehrere Möglichkeiten und unzählige Philosophien. Ein ritualisierter Vorgang wird es aber garantiert.
Im Endergebnis ist eine Öffnung gewünscht, die so klein ist, dass sich der Rauch am "Ausgang" konzentriert und die Aromen bündelt. Zugleich soll es jedoch groß genug sein, um den Zugwiderstand gerade im optimalen Bereich zu halten. Dieser ideale Anschnitt ist leider nicht mit einer Formel zu berechnen, sondern glücklicherweise mit einigen Zigarren Erfahrung zu gewinnen.

Zuerst muss die Kappe bzw. die der Bereich um die geplante Schnittkante befeuchtet werden, um den Tabak an dieser Stelle geschmeidiger zu machen. Andernfalls neigt das Blatt dazu, aufzuplatzen.

Ob man dazu Wasser, Wein, Kaffee am Finger nutzt oder einfach den ohnehin auf der Zunge bereitliegenden Speichel ist ebenso Bestandteil der Philosophie wie der angestrebte Grad der Feuchtigkeit. Ist die Feuchtigkeit kurz eingezogen kann der Anschnitt erfolgen.

### Geeignete Methoden

Die aus Film und Bildern bekannteste Methode ist der Anschnitt mittels Einzel- oder Doppelklingencutter, welche mit einer Einzelklinge (wie bei einer Guillotine) oder zwei gegenläufigen Klingen (scherenähnlich) ausgestattet sind. Ist der Schnitt zu kurz geraten lässt sich das Problem zügig durch einen weiteren Schnitt beheben.

### Zigarrenschere oder Cutter

Als optisch zumeist hochwertigere Ausführung kommt die Zigarrenschere mit gleicher Verwendung daher. Eine große Schere mit zwei sichelförmigen Scherblättern. Sie ist ähnlich einer Schere, wie man sie zum Stutzen von Katzen- oder Nagetierkrallen verwendet. Es sind sogar Scheren mit drei Klingen erhältlich.

Wesentlicher Vorteil des Anschnitts mit Cutter oder Schere ist die Möglichkeit, einen Nachschnitt anzusetzen, falls der erste Schnitt doch zu kurz war und der Zigarrenkopf nicht ausreichend geöffnet ist.

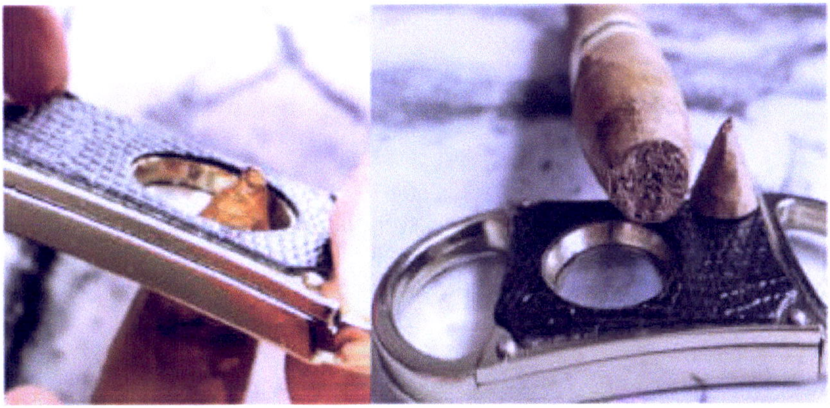

*Abbildung 12: Cutter bzw. Guillotine*

### Zigarrenbohrer

Zigarrenbohrer (auch Puncher genannt) sind meine persönlich bevorzugte Methode, weil sie mir von der Handhabung am besten gefallen.

Ebenso sind sie in der Handhabung sehr angenehm und haben kaum Fehlerpotentiale. Es kann nicht zu tief gebohrt werden, die Schnittkante ist immer sauber. Der Bohrer besteht aus einem kreisrunden Messer, welches mit Drehbewegungen durch die Kappe in die Puppe getrieben wird und beim Herausziehen das abgetrennte Material gleich mit entnehmen. Für Formate mit spitzem Kopf scheidet der Bohrer selbstverständlich aus, hier ist ein Cutter bzw. eine Schere unumgänglich.

Sowohl Cutter und Scheren als auch Bohrer sind in unterschiedlichen Größen erhältlich, um alle verfügbaren Formate anschneiden zu können. Cutter sind durch die Größe des Lochs begrenzt, in das die Zigarre zum Anschnitt eingeführt wird, ebenso finden Scheren ihre Grenzen in dem Öffnungswinkel der Scherblätter. Bohrer sind naturgemäß auf den Durchmesser ihres Bohrers beschränkt.

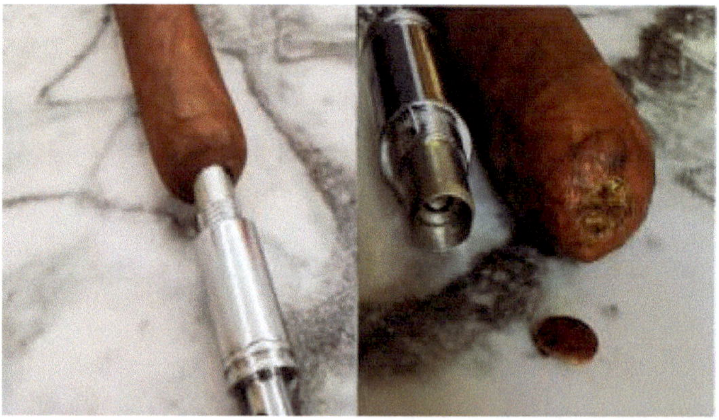

*Abbildung 13: Bohrer bzw. Puncher*

Alle Gerätschaften behalten ihre scharfen Klingen, indem man fest gerollte Alufolie ( im Umfang der üblichen Zigarren) klein schneidet. Je nach Nutzungsintensität kann eine ein- bis zweimalige Behandlung im Jahr ein langes Zigarrenanschneiderleben bescheren (Wortspiel?!).

Auch für den Kerbschnitt sind Artikel im Angebot, die Nachfrage und das entsprechende Angebot sind allerdings eher von geringem Umfang.

**Zigarrenpiekser**

Eine als exotisch einzustufende Methode ist das Einstechen bzw. Bohren mehrerer Löcher an der Kappe, etwa in dem Bereich und der Öffnungsgröße, wie sie bei einer Bohrung freigelegt würde. Hier liegt der aromatische Vorteil in der maximalen Konzentration des Rauchs am Zugende. Der Erfolg einer Bohrung wird also nochmals gesteigert.

Als technisch vorteilhaft ist die vollständige Beseitigung von Fehlerquellen zu benennen. Es ist unmöglich, zu viel abzuschneiden und ein zu trockenes Blatt hat weit weniger Anreiz, Schaden zu nehmen.

Überdies ist es die potenziell billigste Möglichkeit. Dicke Nähnadeln oder notfalls Zahnstocher, Schaschlikspieße oder auch Nägel können als Werkzeug dienen, sodass selbst jede Gartenparty eine Notfalllösung bietet. Selbstredend gibt es auch industriell gefertigte „Zigarrenpiekser".

Wie bei allen anderen Gebrauchsgegenständen auch gibt es bei Scheren, Cuttern, Bohrern, Pieksern sowohl einfache Ausführung zu günstigen Preisen (z.B. Cutter ab ca. 2,00€ oder sogar gratis beim Zigarrenkauf), als auch exklusivere Ausführungen, die sich im dreistelligen Segment bewegen.

*Abbildung 14: Ergebnisvergleich Cutter - Bohrer- Piekser*

**Schleifpapier**

Eine neben Nägeln weitere nicht gesellschaftsfähige Notfalllösung ist (mit auffälligem Augenzwinkern) grobes Schleifpapier. Hierbei ist nicht

*Abbildung 15: Notlösung Schleifpapier*

nur besondere Vorsicht geboten, sondern auch die Bereitschaft, sich mit den garantiert folgenden Kommentaren auseinander zu setzen. Vielleicht sollte diese Lösung doch lieber ohne Publikum angewandt werden.

# Zigarre anzünden

Es ist selbstverständlich ein gleichmäßiger Abbrand der Zigarre gewünscht, ohne Schrägbrand oder vereinzelte Löcher. Die Wicklung der Tabakblätter ist zwar nicht durch das Deckblatt hindurch erkennbar und erst recht nicht zu beeinflussen, aber mit der richtigen Technik können bereits beim Anzünden Fehlerquellen vermieden werden, die im Rauchverlauf viel Aufmerksamkeit und Korrekturen benötigen würden.

Zigarren mit spitzem Fuß, beispielsweise im Torpedo- und Diplomatformat, werden am Fuß nicht angeschnitten, sondern an der Spitze angezündet. Der gleichmäßige Abbrand ergibt sich von allein und die Entwicklung des Zugwiderstands während der ersten Rauchphase ist ein besonderes Erlebnis innerhalb der Bandbreite möglicher Freuden beim Zigarrenrauchen.
Zunächst den Fuß ringsum gleichmäßig anrösten, indem der Fuß in einem Winkel von etwa 45° nahe der Flamme gehalten wird. Ist die Kante geröstet ("getoastet") kann der komplette Zigarrenfuß unter gleichmäßigem Drehen und leichtem aber gleichmäßigem Zug entzündet werden, die Flamme sollte hierbei etwas Abstand zum Tabak haben.

Ob man nun ein Zedernholzstreichholz, ein Jetfeuerzeug oder ein herkömmliches Gasfeuerzeug verwendet hat für das Ergebnis keine Bedeutung, sofern der Tabak nicht gedankenlos verkokelt wird.

Jedoch sollten Benzin-Feuerzeuge tunlichst vermieden werden, weil die Zigarre auf ganzer Länge von dem Benzinaroma gefärbt wird; bei Verwendung von Streichhölzern natürlich erst den Zündkopf abbrennen lassen, bevor die Flamme zur Zigarre kommt. Bei Zigaretten mag es keinen nennenswerten Einfluss geben, nach höchstens fünf Minuten ist es ohnehin vorbei...

Obendrein ist der Genusswert einer Zigarette dem Suchtwert derselben weit unterlegen, sodass ein fairer Vergleich an dieser Stelle nicht möglich ist.
Ganz klar, man könnte auch einfach den Zigarrenfuß mit maximaler Hitze versorgen. Brennen wird der Tabak auf jeden Fall und nach dem Ende der Flamme bleibt Glut übrig. Allerdings wird damit das Teeren des Tabaks provoziert. Es wird sich mit einer hohen Wahrscheinlichkeit auch recht bald am Kopfende und somit an den Lippen bzw. der Zunge ein braunes, bitteres, stinkendes, teeriges “Sekret” zeigen, welches die gesamte Rauchdauer über nicht mehr wegzubekommen ist. Damit kann man die beste Zigarre ruinieren. Muss nicht passieren, wird es aber sehr wahrscheinlich.
Der magische Dreiklang ist

gleichmäßig rösten - langsam drehen - behutsam ziehen.

# Schnelle Hilfe

**1. Schiefbrand**

Manchmal bleibt die Glut nicht gleichmäßig rund, sondern macht mit sich selbst ein Wettrennen, wobei natürlich eine Seite schneller als die andere ist. Der Schiefbrand kann drei Ursachen haben.

Zum Ersten kann der Rohstoff die Ursache sein. Die Glut frisst sich durch unterschiedlich starke Blätter unterschiedlich schnell. Bei der Verarbeitung von Naturstoffen ist absolut homogenes Material niemals gegeben, bei der Produktion muss folglich darauf eingegangen werden. Schiefbrand wegen ungleicher Blätter tritt durch alle Preisniveaus hinweg auf, allerdings tendenziell eher mit absteigend Häufigkeit bei aufsteigendem Preis- und damit Qualitätsniveau.

Zum Zweiten kann nicht sachgerechtes Anzünden zu Schiefbrand führen. Wurde der Fuß beispielsweise nicht gleichmäßig ringsum geröstet oder nicht auf der gesamten Fläche entzündet kann es verständlicherweise nicht zu gleichmäßigem Abbrand kommen.

Zum Dritten sind Feuchtigkeit oder Wind der Grund für Schiefbrand.
Gegen Feuchtigkeit hilft trocknen und gegen Wind Windschatten. Oftmals gibt sich die Schieflage auch von allein. Andernfalls können Feuertherapie und geschickt platzierte Feuchtigkeit (Speichel oder Wasser) mit etwas Glück zum Erfolg führen. Das Vergnügen bleibt jedoch mit Sicherheit auf der Strecke.
Für beide Probleme ist hernach keine echte schnelle Abhilfe verfügbar.
Falls der Schiefbrand auch mit diesen Mitteln nicht zu beherrschen ist kann man als ultima ratio an bzw. hinter der Glut abschneiden und neu anzünden.

*Abbildung 16: Schiefbrand*

Neben Schiefbrand sind übrigens auch der Lochbrand sowie der Tunnelbrand zu fürchten. Hier sind die Ursachen fast ausschließlich im verarbeiteten Tabak und dem Produktionsprozess selbst zu verorten.

**2. Bauchbinde entfernen**

Bei vielen Zigarren ist die Bauchbinde mit einem Tropfen jenes Naturklebers, der auch bei den anderen Produktionsschritten Verwendung findet, am Deckblatt angeheftet. Bei anderen sind sie lediglich aufgeschoben. Aufgeschobene Bauchbinden kann man entweder als Ring abschieben, hierbei auf Hindernisse im Deckblatt achten, oder an der Klebekante öffnen. Ob man vor dem Anzünden schon den Hinweis auf Produzent und Herkunft entfernt oder erst kurz vor Kontakt mit der Glut ist gleich, die Herangehensweise ändert sich nicht.

Hingegen führt das Entfernen einer angehefteten Bauchbinde vor dem Anzünden mit höchster Wahrscheinlichkeit zur Beschädigung des Deckblatts. Der beste Helfer für das Problem: Zeit. Durch die Wärme der Zigarre beziehungsweise des Rauchs wird der Kleber gelöst und die Bauchbinde kann schadfrei entfernt werden. Jedoch ist beachten, dass die Bauchbinde nicht einfach als Ring abgezogen werden kann, sondern in den meisten Fällen an der Klebekante geöffnet und dann vorsichtig am Klebepunkt auf dem Deckblatt gelöst werden muss. Der einfachste Weg, das Problem zu umgehen ist dem Vorschlag des Zigarrenhändlers Zino Davidoff entsprechend nur zur Hälfte zu rauchen...

**3. Degasation**

Gegen aufkommende Schärfe (gerne auch als Pfeffernoten wahrgenommen) und Bitterkeit in fortgeschrittenem Rauchstadium, also zumeist im letzten Drittel, kann die Degasation helfen. Dieser technisch hoch anspruchsvoll klingende Begriff ist dem englischsprachigen Zigarrenuniversum entnommen und bedeutet auf den Punkt gebracht: gegenpusten.

Die Öle und Partikel, die durch den Zug von der Glut zum Anschnitt gesogen werden sammeln sich auf dem Weg und an dessen Ende, daher leisten sie fortan bei jedem weiteren Zug ihren Beitrag. Der Beitrag lässt sich in seiner Wirkung nur einschränken, indem die Öle und Partikel reduziert werden.

Wer also hin und wieder erst pustet und dann zieht erhöht die Chancen auf einen durchgehend angenehmen Genuss. Oftmals sind bei diesem unspektakulären Vorgang Funken und kleine Flämmchen zu beobachten, die von einigen als die herausgeleiteten unerwünschten Stoffe gedeutet werden.

**4. Nachschnitt**

Kommt kaum Rauch am Kopfende an oder ist der Zug mit ungewöhnlicher Anstrengung verbunden, leidet das gesamte Raucherlebnis. Bisweilen stellt sich heraus, dass der Anschnitt einfach nicht ausreichend groß geraten ist. Das mag daran liegen, dass zu vorsichtig, also nicht weit genug angeschnitten oder mit zu kleinem Bohrer angebohrt wurde. Es kann aber auch produktionsbedingt sein,

beispielsweise durch ungünstig gelegene Blattadern oder Blattwendungen, mitunter ist auch eine zu feste Wicklung der Puppe als Wurzel des Übels auszumachen.
Vorsichtig nachschneiden oder tiefer bohren löst das Problem in den allermeisten Fällen bereits. Lieber zaghaft und gegebenenfalls mehrfach nacharbeiten, da schon 1 Millimeter einen großen Unterschied machen kann.

**5. Teer am Anschnitt**

Nikotin ist ein dunkles, bitter schmeckendes Öl. Am Zigarrenkopf zeigen sich oftmals Tropfen oder Schmierstellen mit nikotinreichem Öl. Verbreitet, aber unzutreffend ist die Bezeichnung als Teer. Dazu gibt es nichts weiter zu sagen, als dass es wirklich bitter und kein bisschen schmackhaft ist. Und an der Kleidung unschöne, aber auswaschbare Flecken verursacht.
Für das Ausölen gibt es keine richtige Lösung, außer vielleicht etwas kühler, mithin langsamer, zu rauchen. Dennoch sind die Symptome behandelbar, das Öl kann mit Serviette oder Taschentuch weggetupft werden.

**6. Zigarrenatem**

Bedauerlicherweise hat man vom Raucherlebnis noch einige Zeit später etwas. Gegen den Zigarrenatem, der meiner Meinung nach viel ekeliger als der durch Zigaretten ist, gibt es ein todsicheres und mehrere mehr oder weniger wirksame Mittel. Todsicher ist der Verzicht auf die Zigarre. Aber damit wären auch alle bis hierhin von mir geschriebenen und von Ihnen gelesenen Seiten vergebens gewesen.
Ein zwar wirksames, aber nicht für jeden Geschmack erträgliches Gegenmittel ist Anis. Nach dem Rauchen ein bisschen Anis kauen oder einen Anistee trinken kann Wunder wirken.
Geschmacklich attraktiver dürfte für die meisten Menschen hingegen Pfefferminzöl sein, ein Glas Wasser mit wenigen Tropfen trinken schafft Abhilfe.
Wer Kümmel mag kann auch damit nach obigen Verfahrensweisen dem Zigarrenatem entgegenwirken.

### 7. Nikotinschock

Ein Nikotinschock wird sehr wahrscheinlich jeden Aficionado früher oder später treffen. Der Nikotingehalt (auch gerne als Vitamin N bezeichnet) kann optisch nicht abgeschätzt werden. Es gibt zwar Tabaksorten, die tendenziell einen höheren oder einen niedrigeren Gehalt haben, darüber sollte beim Zigarrenkauf gesprochen werden. Anzeichen für einen Nikotinschock sind zumeist

Übelkeit und Schwindel
Zitter und Schweißausbrüche
Erbrechen
Durchfall

Zigarren sollten nicht auf nüchternen Magen und nicht zu schnell geraucht werden. Hilfreich ist die Kombination mit süßen Getränken oder Süßigkeiten. Die Schokolade zur Zigarre ist weiter verbreitet, als man im ersten Moment erwartet.

Nicht nur präventiv, sondern auch, wenn es tatsächlich zum Nikotinschock kommt, hilft Zucker. Noch besser hilft Traubenzucker. Die übliche Dauer von bis zu zwei Stunden kann dadurch verkürzt werden.

# Nutzungsvorschläge

Okay, es ist vielleicht etwas metaphorisch aufgeladen. Das Logbuch dokumentiert in der Seefahrt die gefahrene Strecke, also Kurs und Geschwindigkeit, und lässt eine Bestimmung des gegenwärtigen Aufenthaltsorts zu. Aus vergangenen Daten und dem bekannten Ziel wird entweder der Kurs beibehalten oder korrigiert.
Ferner dient es als Bord-Tagebuch, in dem auch besondere Vorkommnisse, Liegezeiten, Ladung und dergleichen mehr erfasst werden.

Metaphorisch zuträglich ist zudem der Umstand, dass man sich Erfahrung nicht erlesen kann, sondern eben "erfahren" haben, also den Weg zum Erfahrungsschatz zurück gelegt haben muss. Im Falle der Zigarren könnte man von errauchen sprechen. Wir sammeln also nicht Erfahrung, sondern Errauchung.
Mit allen Erfolgen und Irrtümern. Der große Unterschied zur bildgebenden Seefahrt ist allerdings die zunächst ziellose Reise. Während es bei einer Reise der Aufbruch keinen Sinn macht, wenn man das Ziel nicht kennt ist der Einstieg in die Zigarrenwelt anfänglich ein Stapfen im Sortiment mit Verkostungen aus allen Richtungen, bis sich ein bestimmtes Gebiet den anderen gegenüber als interessanter erweist. Vielleicht entdecken Sie Honduras als das Herkunftsland, dessen gesamtes Zigarrenangebot Sie verkosten möchten. Vielleicht entwickeln Sie auch den Wunsch, sämtliche Churchills zu verkosten oder ausschließlich Zigarren mit Toffee-Aromen zu rauchen. Der Kurs entwickelt sich während der Reise, ein Ziel in dem Sinne gibt es nicht. Ich gebe zu, die Analogie mit dem Logbuch ist an dieser Stelle inkonsistent.

Den wesentlichen Teil auf vorliegendes Buch übertragen sollen die probierten Zigarren dokumentiert und die Eindrücke möglichst genau beschrieben werden, gute wie schlechte gleichermaßen. Ist einmal ein

Datenbestand erraucht kann die Auswertung erfolgen. Gute Beratung im Tabakgeschäft sollte in der Lage sein, anhand der vorgetragenen Wahrnehmungen passende Empfehlungen zu geben.

Seien es einerseits besondere gewünschte Aromen wie Heublumen oder gesalzenes Karamell, wer das Sortiment wirklich gut kennt findet die Zigarren, die der Kundschaft zusagen. Andererseits dauert es eine Weile, bis man die in der Beschreibung aufgeführten Aromen im Rauch heraus schmeckt.

Wenn Sie bei einer Zigarre eine Note besonders toll finden, die Sie als Zimt wahrnehmen, die restlichen Aficionados darin allerdings Mandel erkennen (wollen), ist das kein Geschmacksversagen, sondern die von Natur aus nicht deckungsgleiche Wahrnehmung von Aromen. Schließlich hat Lakritz ebenso viele Freunde wie Feinde, obwohl der Geschmack objektiv universell gleich ist.

Nehmen wir nun an, Sie wünschen sich mehr Zigarren mit Zimtaromen, die empfohlenen Produkte jedoch lassen allesamt die Zimtnote vermissen, weil der Empfehlende eben nach dem Zimt der Mehrheitsmeinung empfohlen hat, aber eigentlich Ihrer Wahrnehmung entsprechend Zimt zu Mandel hätte "übersetzen" müssen, um Ihre Erwartungen zu treffen.

Aus genau diesem Grunde sind der Kern dieses Buches die ausführlichen Verkostungsnotizen, jeweils für eine Zigarre auf einer Doppelseite.
Die Notizen sind zwar selbsterklärend, jedoch an dieser Stelle noch Hinweise zu vielleicht ansonsten unbeachteten Punkten.

Warum sind die erfragten Umstände so wichtig? Äußere Bedingungen wirken sich immer auf die Konzentration aus und können dadurch die Wahrnehmung beeinflussen.

In lockerer Gesellschaft schmeckt eine Zigarre wunderbar, aber es ist mitunter schwieriger, sich auf die zahlreichen Aromen zu konzentrieren. Bei gemeinsamer Verkostung hingegen können die Erkenntnisse der anderen Aficionados die eigenen Entdeckungen unterstützen oder Anreiz zur Suche nach einem bestimmten Aroma geben.

Eine solche gemeinsame Verkostung verläuft vielleicht so:
A: "Die zarte Himbeer-Note ist toll."
B: "Ja, besonders in Kombination mit der dunklen Schokolade."
C: "Aaah, hatte ich beides noch nicht herausgeschmeckt. Aber passt beides ganz gut zu der dominanten cremigen Trüffel-Note."
A, B: "Hm, tatsächlich. Das war das Aroma, das ich noch nicht ganz zuordnen konnte."

Auch macht die Lokalität einen Unterschied. Am heimischen Kamin wirkt die rauchige Umgebungsluft anders auf das Gesamterlebnis, als es die frische Luft im Garten bewirkt. Ein stetiger Hauch Chlor vom Schwimmbecken beeinflusst die Eindrücke ebenso wie der Duft von Abgasen oder Kompost in der Luft.

Im Sinne der Vergleichbarkeit sollten die Umstände nicht bei jeder Gelegenheit andere Extreme abdecken. Im Sinne des Zigarrengenusses sind Laborbedingungen jedoch überhaupt nicht wünschenswert. Die Freude am Genuss steht doch im Vordergrund, nicht wahr? Bei allem Interesse und Engagement sollte man es nicht übertreiben. Man kann aus allem eine Wissenschaft machen. Auch Zigarren sind bereits Gegenstand diverser Doktorarbeiten aus unterschiedlichen Fachgebieten gewesen.

Braucht man das als Zigarrenraucher?
Wahrscheinlich nicht. Aus diesem Grund nutzen Sie wahrscheinlich dieses Zigarren-Logbuch. Um das individuell passende Segment einzugrenzen bedarf es keines vertieften Wissens über biochemische Prozesse beim Rauchen, sondern der Dokumentation der Erfahrungen.

Wie bereits besprochen macht das Format einen Unterschied in der Aromenentwicklung. Neben anderen Faktoren wie Zeit, Handlichkeit,

Verträglichkeit (hinsichtlich Vitamin N) und Lager-/ Transportkapazitäten ist auch dieses Spiel der Aromen ein Auswahlkriterium.

Zu guter Letzt steht die Frage nach dem Preis. Der Preis ist ein sensibles Thema bei der Auswahl. Nicht jeder kann sich regelmäßig eine Zigarre für 40,00€ gönnen. Und nur, weil man es kann, muss man es nicht auch unbedingt immer wollen.
Mein Ansinnen ist, eher das Preissegment zu analysieren, in dem die Objekte der Begierde angesiedelt sind.

Das Buch hat zum Zweck, Ihnen die Auswahl von Zigarren zu erleichtern, die Ihrem persönlichen Geschmack entsprechen. Wenn Sie die Notizen gewissenhaft führen und insbesondere die positiven Eindrücke recht gut beschreiben, wird sich auch Ihr Zigarrenhändler freuen, Sie anhand Ihrer Notizen noch besser beraten zu können.

Er kann Ihre Eindrücke mit seinen eigenen abgleichen und ein Gefühl dafür bekommen, wie Sie die Zigarren wahrnehmen und die Vorschläge entsprechend zusammenstellen. Wer nicht nur jährlich eine Zigarre für einen besonderen Anlass sucht, sondern eine fruchtbare Beziehung eingehen möchte, sollte sich ohnehin bei seinem Tabakhändler wohl fühlen und ein in dieser Hinsicht vertrauliches Verhältnis haben. Es ist ein fast schon intimes Verhältnis, sich mit ihr oder ihm über die Empfindungen beim Rauchen einer Zigarre auszutauschen und bestimmte Wünsche zu formulieren, die es gemeinsam zu erfüllen gilt.

Es ist sehr wahrscheinlich, dass mit der Zeit die Anzahl der Notizen zunimmt, die Sie als merkenswert eingestuft werden. Damit tritt die Notwendigkeit von Abkürzungen auf, die schnell geschrieben und sicher interpretiert werden können. Im Anschluss finden Sie eine linierte Seite, auf der Sie Ihre Abkürzungen festhalten und gegebenenfalls nachschlagen können. Empfehlenswert sind -wie überall- naheliegende Abkürzungen, beispielsweise „DR“ oder „DomRep“ für Dominikanische Republik und „BP“ oder „BuPf“ für Bunter Pfeffer.

Die Verkostungsnotizen sind folgendermaßen zusammengestellt:

Auf jeder Seite ist ein Feld vorgesehen, auf dem die Bauchbinde eingeklebt werden kann, sodass auch eine optische Erinnerung erleichtert wird. Eventuelle Fußbinden passen direkt darunter.

Der Punkt „Auswahlgrund“ ist für den Umstand gedacht, der Sie dazu bewogen hat, diese Zigarre auszuwählen. Besonders schöne Bauchbinde, guter Preis, schönes Deckblatt, geschenkt bekommen, als Empfehlung aufgrund bereits gerauchter Zigarren, usw.

Das Feld „Rauchumstände“ ist für alle Notizen vorgesehen, die Sie für wichtig halten; Ort, Uhrzeit, Gesellschaft, nach Abendessen, mit trockenem Rotwein, drinnen, draußen, etc.

Üblicherweise wird die Entwicklung der Aromen in drei Abschnitte eingeteilt. Mit jedem Zug lagern sich Rückstände auf dem verbleibenden Tabak ab, sodass auch das Aroma beeinflusst wird. Wachsende Erfahrung (Errauchung) schärft die Wahrnehmung der Unterschiede und deckt mit der Zeit immer feinere Nuancen auf.

Abschließend ist der Gesamteindruck mit max. fünf Punkten zu bewerten. Ob Sie die Quadrate ausmalen, abstreichen, einkreisen, stempeln, ankreuzen oder in irgendeiner anderen Weise markieren möchte ich den Vorlieben überlassen.

Meine eigenen Notizen führten zur Erkenntnis, dass meine bevorzugten Zigarren aus der Dominikanischen Republik kommen und ein sehr dunkles Deckblatt haben (vornehmlich Maduro).
Bevorzugte Formate sind Robusto und Diplomat. Dank der mit wirklich geringem Aufwand verbundenen Analyse meiner Raucherfahrungen lag ich bislang noch nie unangenehm daneben, wenn ich aus dem Bauch heraus eine Zigarre mit entsprechenden Spezifikationen gekauft habe.

Nachfolgend finden Sie 15 Vorlagen zur Bewertung bzw. Beschreibung der Zigarren und Ihres Raucherlebnisses.

Bauchbinde

| | |
|---|---|
| Name | • |
| Herkunft | • |
| Format | • |
| Ringmaß | • |
| Fülltabak | • |
| Umblatt | • |
| Deckblatt | • |
| Deckblattfarbe | • |
| Rauchzeit | • |

Preis Gesamteindruck Datum

☐ ☐ ☐ ☐ ☐

☐ nie wieder

☐ mehr davon!

☐ wird Humidorinventar

Auswahlgrund ______________________________

______________________________

Rauchumstände ______________________________

______________________________

______________________________

Positiv aufgefallen ______________________________

______________________________

Negativ aufgefallen ______________________________

______________________________

______________________________

Aromenentwicklung

1. Drittel

2. Drittel

3. Drittel

Bauchbinde

Name •

Herkunft •

Format •

Ringmaß •

Fülltabak •

Umblatt •

Deckblatt •

Deckblattfarbe •

Rauchzeit •

Preis Gesamteindruck Datum

☐ ☐ ☐ ☐ ☐

☐ nie wieder

☐ mehr davon!

☐ wird Humidorinventar

Auswahlgrund ______________________________

______________________________

Rauchumstände ______________________________

______________________________

______________________________

Positiv aufgefallen ______________________________

______________________________

Negativ aufgefallen ______________________________

______________________________

______________________________

Aromenentwicklung

1. Drittel

2. Drittel

3. Drittel

Bauchbinde

Name •

Herkunft •

Format •

Ringmaß •

Fülltabak •

Umblatt •

Deckblatt •

Deckblattfarbe •

Rauchzeit •

Preis Gesamteindruck Datum

☐ ☐ ☐ ☐ ☐

☐ nie wieder

☐ mehr davon!

☐ wird Humidorinventar

Auswahlgrund ______________________________

______________________________

Rauchumstände ______________________________

______________________________

______________________________

Positiv aufgefallen ______________________________

______________________________

Negativ aufgefallen ______________________________

______________________________

______________________________

Aromenentwicklung

1. Drittel

2. Drittel

3. Drittel

Bauchbinde

Name •

Herkunft •

Format •

Ringmaß •

Fülltabak •

Umblatt •

Deckblatt •

Deckblattfarbe •

Rauchzeit •

Preis Gesamteindruck Datum

☐ ☐ ☐ ☐ ☐

☐ nie wieder

☐ mehr davon!

☐ wird Humidorinventar

Auswahlgrund ________________________________

________________________________

Rauchumstände ________________________________

________________________________

________________________________

Positiv aufgefallen ________________________________

________________________________

Negativ aufgefallen ________________________________

________________________________

________________________________

Aromenentwicklung

1. Drittel

2. Drittel

3. Drittel

Bauchbinde

Name •

Herkunft •

Format •

Ringmaß •

Fülltabak •

Umblatt •

Deckblatt •

Deckblattfarbe •

Rauchzeit •

Preis Gesamteindruck Datum

☐ ☐ ☐ ☐ ☐

☐ nie wieder

☐ mehr davon!

☐ wird Humidorinventar

Auswahlgrund ______________________________

______________________________

Rauchumstände ______________________________

______________________________

______________________________

Positiv aufgefallen ______________________________

______________________________

Negativ aufgefallen ______________________________

______________________________

______________________________

Aromenentwicklung

1. Drittel

2. Drittel

3. Drittel

Bauchbinde

Name •

Herkunft •

Format •

Ringmaß •

Fülltabak •

Umblatt •

Deckblatt •

Deckblattfarbe •

Rauchzeit •

Preis Gesamteindruck Datum

☐ ☐ ☐ ☐ ☐

☐ nie wieder

☐ mehr davon!

☐ wird Humidorinventar

Auswahlgrund ______________________________

______________________________

Rauchumstände ______________________________

______________________________

______________________________

Positiv aufgefallen ______________________________

______________________________

Negativ aufgefallen ______________________________

______________________________

______________________________

Aromenentwicklung

1. Drittel

2. Drittel

3. Drittel

Bauchbinde

Name •

Herkunft •

Format •

Ringmaß •

Fülltabak •

Umblatt •

Deckblatt •

Deckblattfarbe •

Rauchzeit •

Preis Gesamteindruck Datum

☐ ☐ ☐ ☐ ☐

☐ nie wieder

☐ mehr davon!

☐ wird Humidorinventar

Auswahlgrund ____________________

____________________

Rauchumstände ____________________

____________________

____________________

Positiv aufgefallen ____________________

____________________

Negativ aufgefallen ____________________

____________________

____________________

Aromenentwicklung

1. Drittel

2. Drittel

3. Drittel

Bauchbinde

Name •

Herkunft •

Format •

Ringmaß •

Fülltabak •

Umblatt •

Deckblatt •

Deckblattfarbe •

Rauchzeit •

Preis Gesamteindruck Datum

☐ ☐ ☐ ☐ ☐

☐ nie wieder

☐ mehr davon!

☐ wird Humidorinventar

Auswahlgrund ____________________

____________________

Rauchumstände ____________________

____________________

____________________

Positiv aufgefallen ____________________

____________________

Negativ aufgefallen ____________________

____________________

____________________

Aromenentwicklung

1. Drittel

2. Drittel

3. Drittel

Bauchbinde

Name •

Herkunft •

Format •

Ringmaß •

Fülltabak •

Umblatt •

Deckblatt •

Deckblattfarbe •

Rauchzeit •

Preis Gesamteindruck Datum

☐ ☐ ☐ ☐ ☐

☐ nie wieder

☐ mehr davon!

☐ wird Humidorinventar

Auswahlgrund ______________________________

______________________________

Rauchumstände ______________________________

______________________________

______________________________

Positiv aufgefallen ______________________________

______________________________

Negativ aufgefallen ______________________________

______________________________

______________________________

Aromenentwicklung

1. Drittel

2. Drittel

3. Drittel

Bauchbinde

Name •

Herkunft •

Format •

Ringmaß •

Fülltabak •

Umblatt •

Deckblatt •

Deckblattfarbe •

Rauchzeit •

Preis Gesamteindruck Datum

☐ ☐ ☐ ☐ ☐

☐ nie wieder

☐ mehr davon!

☐ wird Humidorinventar

Auswahlgrund ______________________________

______________________________

Rauchumstände ______________________________

______________________________

______________________________

Positiv aufgefallen ______________________________

______________________________

Negativ aufgefallen ______________________________

______________________________

______________________________

Aromenentwicklung

1. Drittel

2. Drittel

3. Drittel

Bauchbinde

| | |
|---|---|
| Name | • |
| Herkunft | • |
| Format | • |
| Ringmaß | • |
| Fülltabak | • |
| Umblatt | • |
| Deckblatt | • |
| Deckblattfarbe | • |
| Rauchzeit | • |

Preis Gesamteindruck Datum

☐ ☐ ☐ ☐ ☐

☐ nie wieder

☐ mehr davon!

☐ wird Humidorinventar

Auswahlgrund ____________________________

____________________________

Rauchumstände ____________________________

____________________________

____________________________

Positiv aufgefallen ____________________________

____________________________

Negativ aufgefallen ____________________________

____________________________

____________________________

Aromenentwicklung

1. Drittel

2. Drittel

3. Drittel

Bauchbinde

- Name
- Herkunft
- Format
- Ringmaß
- Fülltabak
- Umblatt
- Deckblatt
- Deckblattfarbe
- Rauchzeit

Preis | Gesamteindruck | Datum

☐ ☐ ☐ ☐ ☐

☐ nie wieder

☐ mehr davon!

☐ wird Humidorinventar

Auswahlgrund ______________________________

______________________________

Rauchumstände ______________________________

______________________________

______________________________

Positiv aufgefallen ______________________________

______________________________

Negativ aufgefallen ______________________________

______________________________

______________________________

Aromenentwicklung

1. Drittel

2. Drittel

3. Drittel

Bauchbinde

Name •

Herkunft •

Format •

Ringmaß •

Fülltabak •

Umblatt •

Deckblatt •

Deckblattfarbe •

Rauchzeit •

Preis | Gesamteindruck | Datum

☐ ☐ ☐ ☐ ☐

☐ nie wieder

☐ mehr davon!

☐ wird Humidorinventar

Auswahlgrund

Rauchumstände

Positiv aufgefallen

Negativ aufgefallen

Aromenentwicklung

1. Drittel

2. Drittel

3. Drittel

Bauchbinde

Name •

Herkunft •

Format •

Ringmaß •

Fülltabak •

Umblatt •

Deckblatt •

Deckblattfarbe •

Rauchzeit •

Preis Gesamteindruck Datum

☐ ☐ ☐ ☐ ☐

☐ nie wieder

☐ mehr davon!

☐ wird Humidorinventar

Auswahlgrund ____________________________________

____________________________________

Rauchumstände ____________________________________

____________________________________

____________________________________

Positiv aufgefallen ____________________________________

____________________________________

Negativ aufgefallen ____________________________________

____________________________________

____________________________________

Aromenentwicklung

1. Drittel

2. Drittel

3. Drittel

Bauchbinde

Name •

Herkunft •

Format •

Ringmaß •

Fülltabak •

Umblatt •

Deckblatt •

Deckblattfarbe •

Rauchzeit •

Preis Gesamteindruck Datum

☐ ☐ ☐ ☐ ☐

☐ nie wieder

☐ mehr davon!

☐ wird Humidorinventar

Auswahlgrund

Rauchumstände

Positiv aufgefallen

Negativ aufgefallen

Aromenentwicklung

1. Drittel

2. Drittel

3. Drittel

# ABKÜRZUNGSVERZEICHNIS

# BILDNACHWEIS

Abb. 1
lizenzfrei

Abb. 2
lizenzfrei

Abb. 3
https://de.wikipedia.org/wiki/Datei:Tabakpflanze_Burley.jpg
1962; Diplomarbeit M.G. Raupp

Abb.4
https://commons.wikimedia.org/wiki/File:Tabakpflanze_Burley.jpg

Abb. 5
www.pexels.com
Thibault Luycx

Abb. 6
www.pexels.com
Thibault Luycx

Urheber aller weiteren Bilder ist der Autor.

*Abbildung 17: Die Befragung künstlicher Intelligenz zur Gestaltung eines passenden Buchcovers führte auch zu diesem insgesamt nicht unattraktiven, aber eben nicht ausreichenden Bild.*

*Abbildung 18: Auch dieser Vorschlag könnte eine schöne Basis für das Cover eines Zigarrenbuchs sein. Bis zur nächsten Auflage sind mit künstlicher Intelligenz sicherlich geeignete Cover zu erstellen.*